COLLECTION

DE

TABLEAUX

MODERNES

EXPOSITION

Le Dimanche 28 Avril 1867

DE UNE HEURE A CINQ

VENTE

Le Lundi 29 Avril 1867

A DEUX HEURES PRÉCISES

M. CHARLES PILLET
COMMISSAIRE-PRISEUR,
rue de Choiseul, 11.

M. FRANCIS PETIT,
EXPERT,
rue Saint-Georges, 7.

1867

CATALOGUE

d'une Collection

DE

TABLEAUX

MODERNES

DONT LA VENTE AURA LIEU

HOTEL DROUOT, Salle N° 3

Le Lundi 29 Avril 1867

A DEUX HEURES PRÉCISES

Me **Charles PILLET**, Commissaire-Priseur, 11, rue de Choiseul,

M. **Francis PETIT**, Expert, 7, rue Saint-Georges.

Chez lesquels se trouve le Catalogue.

EXPOSITION PUBLIQUE

Le Dimanche 28 *Avril* 1867, *de une heure à cinq heures.*

CONDITIONS DE LA VENTE

Elle sera faite au comptant.

Les acquéreurs payeront *cinq pour cent* en sus des adjudications.

Paris. Imp. PILLET fils aîné, rue des Grands-Augustins, 5.

TABLEAUX

BACHELIN

1 — Causant du pays !

Haut. 21 cent.; larg. 16 cent.

BARON

2 — Jalousie.

Haut. 16 cent.; larg. 13 cent.

BELLANGÉ (Hippolyte)

3 — La Rencontre au puits.

Haut. 22 cent.; larg. 27 cent.

BELLANGÉ (Hippolyte)

4 — Mendiant aveugle, conduit par un jeune garçon.

Haut. 18 cent.; larg. 13 cent.

BOUCHEZ (Charles)

5 — Le vieux Pêcheur.

Haut. 19 cent.; larg. 23 cent.

BOURGOIN

6 — L'Assaut de Malakoff.

Haut. 27 cent.; larg. 47 cent.

BRISSOT

7 — Intérieur d'un enclos avec Moutons et Poules.

Haut. 27 cent.; larg. 37 cent.

BRISSOT

8 — Troupeau de Moutons en prairie.

Haut. 26 cent.; larg. 35 cent.

BROUNE (John-Lewis)

9 — Cheval arabe sellé.

Haut. 12 cent.; larg. 9 cent.

CHABRY

10 — Le Retour du Troupeau.

Haut. 50 cen.t; larg. 76 cent.

CHAVET

11 — Femme d'Arles.

Haut. 22 cent.; larg. 16 cent

CHAVET

12 — Rêverie.

Haut. 13 cent.; larg. 11 cent.

CICÉRI

13 — Coq et Poules dans une étable.

Haut. 36 cent.; larg. 24 cent.

COUDER (Alexandre)

14 — Jeunes Femmes guettant un papillon.

Haut. 46 cent.; larg. 38 cent.

COUTURIER

15 — Conseil tenu par les Rats.

Haut. 44 cent.; larg. 32 cent.

DANSAERT

16 — Un thé.

Haut. 37 cent.; larg. 49 cent.

DREUX (Alfred de)

17 — Le Retour du bois.

Haut. 32 cent.; larg. 45 cent.

DREUX (Alfred de)

18 — Partant en promenade. Chien portant une cravache.

Haut. 50 cent.; larg. 60 cent.

DREUX (Alfred de)

19 — Partant en voyage. Chien gardant une malle et un sac de nuit.

Haut. 54 cent.; larg. 64 cent.

DECAMPS

20 — Paysage. Chasseur au marais.

Haut. 19 cent.; larg. 24 cent.

DEVAUX

21 — Enfants assaillis par des abeilles.

Haut. 31 cent.; larg. 24 cent.

DIAZ

22 — Suzanne et les Vieillards.

Haut. 45 cent.; larg. 38 cent.

DIAZ

23 — Coucher de soleil.

Haut. 23 cent.; larg. 42 cent.

DIAZ

24 — **Environs de Chailly. Soleil couchant.**

Haut. 26 cent.; larg. 38 cent.

DUPRÉ (Jules)

25 — **Saules bordant un ruisseau.**

Haut. 22 cent.; larg. 30 centt

FAUVELET

26 — **Trois Amis.**

Haut. 25 cent.; larg. 34 cent.

FAUVELET

27 — **Au retour du jadin**

Haut. 28 cent.; larg. 32 cent.

FAUVELET

28 — Un Fumeur.

Haut. 13 cent.; larg. 12 cent.

FICHEL

29 — Un Amateur de médailles.

Haut. 14 cent.; larg. 10 cent.

FLERS

30 — Paysage. Pont de bois traversant un cours d'eau.

Forme ovale. Haut. 23 cent.; larg. 31 cent.

FORTIN

31 — Jeune fille soignant son père aveugle. Scène Bretonne.

Haut. 36 cent.; larg. 28 cent.

FRÈRE (Th.)

32 — Caravane arrêtée dans la plaine de Gizeh.

Haut. 26 cent.; larg. 40 cent.

GÉRICAULT

33 — Tamerlan, étalon des écuries de Versailles.

Haut. 44 cent.; larg. 54 cent.

Vers 1810, Géricault fit diverses études dans les écuries impériales de Versailles ; c'est là qu'il peignit trois étalons célèbres que l'empereur venait de recevoir. Ce sont des portraits : le magnifique animal à robe blanche, placé de profil et tourné à gauche au premier plan, se nommait Tamerlan ; le second, un peu plus loin, avec une couverture, et que l'on voit en trois quarts par la croupe, c'est Néron. On aperçoit la tête du troisième au-dessus de l'étalon blanc.

(Charles Clément, Etude sur Géricault.)

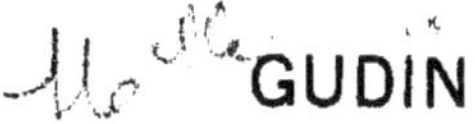

GUDIN

34 — Marine. Soleil couchant. Dans le brouillard.

Haut. 48 cent.; larg. 65 cent.

GUILLEMIN

35 — Chasseur en plaine.

Haut. 18 cent.; larg. 27 cent.

ISABEY (Eug.)

36 — Bâtiment échoué par un temps d'orage.

Haut. 41 cent.; larg. 63 cent.

ISABEY (Eug.)

37 — Bateau de pilote en mer.

Haut. 22 cent.; larg. 33 cen .

ISABEY (Eug.)

38 — Village sur une falaise dominant la mer.

Haut. 35 cent.; larg. 53 cent.

JACQUE (Th.)

39 — Brebis et son Agneau.

Haut. 10 cent.; larg. 12 cent.

KINDERMANS

40 — Paysage de la Hollande.

Haut. 42 cent.; larg. 60 cent.

KIORBOE

41 — Chasse au Sanglier.

Haut. 57 cent.; larg. 80 cent.

LAFON

42 — Jeune Femme lisant.

Haut. 13 cent.; larg. 9 cent.

LAFON

43 — Le Portrait d'une Amie.

Haut. 21 cent.; larg. 16 cent.

LAZERGES

44 — La Danse des Aïssaouas.

Haut. 40 cent.; larg. 54 cent.

Les membres de cette secte, fondée par Sid-Aïssa, se livrent à toutes sortes de danses et d'exercices bizarres et quelquefois repoussants. Arrivés à un état d'exaltation extrême, ils ont la faculté de pouvoir manger des serpents, des scorpions, des charbons ardents, et des entrailles d'animaux vivants.

LAZERGES

45 — Le Christ au Jardin des Oliviers.

Haut. 65 cent.; larg. 48 cent.

LAZERGES

46 — Le Génie éteint.

Haut. 25 cent.; larg. 20 cent.

LAZERGES (Paul), fils.

47 — Nature morte.

Haut. 80 cent.; larg. 65 cent.

LEFÈVRE (Adolphe)

48 — Intérieur d'atelier de peintre, au temps de Louis XIII.

Haut. 15 cent.; larg. 20 cent.

LEPOITEVIN (Eug.)

49 — Jeune paysanne tricotant aux champs.

Haut. 41 cent.; larg. 27 cent.

LONGUET

50 — **Nymphe et Amour.**

Haut. 41 cent.; larg. 32 cent.

LONGUET

51 — **Le Repos.**

Haut. 19 cent.; larg. 25 cent.

LUMINAIS

52 — **Chevaux à l'eau. Effet de soir.**

Haut. 54 cent.; larg. 40 cent.

LUMINAIS

53 — **Le Mauvais numéro.**

Haut 32 cent.; larg. 24 cent.

LUMINAIS

54 — L'Image de la Vierge.

Haut. 34 cent.; larg. 27 cent.

NOTERMAN (Zacharie)

55 — La Bouteille de parfait-amour.

Haut. 50 cent.; larg. 40 cent

PALIZZI

56 — Chèvres aux champs.

Haut. 16 cent.; larg. 25 cent

PLASSAN

57 — Paysage.

Haut. 12 cent.; larg. 7 cent.

PLASSAN

58 — Paysage.

Haut. 17 cent.; larg. 9 cent.

PLASSAN

59 — Paysage.

Haut. 23 cent.; larg. 9 cent.

RAFFALT

60 — Agar et Ismaël au désert.

Haut. 21 cent.; larg. 28 cent.

RICHOMME

61 — Petit fille essayant une mandoline.

Haut. 28 cent.; larg. 22 cent.

RICHOMME

62 — La Fille du gentilhomme.

Haut. 23 cent.; larg. 18 cent.

RICHOMME

63 — Petite fille donnant une cerise à un perroquet.

Haut. 24 cent.; larh. 18 cent.

ROQUEPLAN

64 — La Confidence.

Haut. 26 cent.; larg. 21 cent.

ROQUEPLAN

65 — Fontaine à Biarritz.

Haut. 17 cent.; larg. 28 cent.

ROQUEPLAN

66 — Projet de décor pour un salon.

Haut. 31 cent.; larg. 63 cent.

ROUSSEAU (Ph.)

67 — Chien de chasse gardant du gibier.

Haut. 24 cent.; larg. 33 cent.

ROUSSEAU (Ph.)

68 — Poules dans une basse-cour.

Haut. 10 cent.; larg. 27 cent.

ROUSSEAU (Ph.)

69 — Nature morte. Gibier dans une salle basse.

Haut. 37 cent.; larg. 28 cent.

SALMON

70 — Paysanne gardant les dindons.

Haut. 70 cent.; larg. 58 cent.

SALMON

71 — L'Heure de la provende.

Haut. 53 cent.; larg. 42 cent.

SCHOTEL

72 — Marine sur les côtes de Hollande.

Haut. 43 cent.; larg. 59 cent.

SORDET

73 — Torrent dans une forêt de sapins.

Haut. 17 cent.; larg. 27 cent.

SORDET

74 — Un lac en Suisse.

Haut. 17 cent.; larg. 27 cent.

STEVENS (Joseph)

75 — Singe et chien savants.

Haut. 14 cent.; larg. 17 cent.

TESSON

76 — Bords de l'Oise.

Haut. 24 cent.; larg. 31 cent.

TROYON

77 — Moutons au pâturage.

Haut. 26 cent.; larg. 20 cent.

TROYON

78 — Mare bordée de saules, servant d'abreuvoir.

Haut. 22 cent.; larg. 35 cent.

VALÉRIO

79 — Une lecture pieuse.

Haut. 45 cent.; larg. 33 cent.

VAN MARCKE

80 — Troupeau de Moutons au pâturage.

Haut. 38 cent.; larg. 55 cent.

WAUTERS (Ch.)

81 — Bethsabé au bain.

Haut. 60 cent.; larg. 49 cent.

VEYRASSAT

82 — La fin de la moisson.

Haut. 25 cent.; larg. 51 cent.

VILLAIN

83 — Petite paresseuse.

Haut. 32 cent.; larg. 24 cent.

VILLEVIEILLE

84 — Un chemin vicinal.

Haut. 19 cent.; larg. 29 cent.

LICHTENFELS

85 — Un lac.

Haut. 45 cent.; larg. 69 cent.

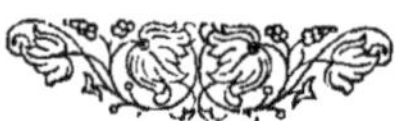

9642
435

moins 9207

re	ea
365	435
445	300
285	320
235	200
38	110
92	8
1460	1443
8182	6662

re 9642
ea 8105

1537

re	ea
80	80
196	235
150	140
250	255
610	400
1100	400
335	365
470	500
565	500
415	340
195	200
380	350
150	112
530	680
435	180
235	300
720	320
790	690
176	175
340	440
8182	6662

www.ingramcontent.com/pod-product-compliance
Ingram Content Group UK Ltd.
Pitfield, Milton Keynes, MK11 3LW, UK
UKHW020532180726
13839UKWH00005B/2453

9 782329 511306